Eduardo Moreira

Branca de Neve e Zangado

Ilustrações
Dnepwu

Presidente
Reinaldo Domingos

Coordenadora editorial
Rita Ramos

Editora de texto
Renata de Sá

Editora de arte e projeto gráfico
Christine Baptista

Produtora editorial
Amanda Torres

Preparação e revisão
Daniel Febba

Impressão
Intergraf Indústria Gráfica Eireli

Av. Paulista, 726 | Cj. 1210 | 12° andar | Bela Vista
CEP 01310-910 | São Paulo | SP | Tel.: 11 3177-7800
www.editoradsop.com.br

Dados Internacionais de Catalogação na Publicação (CIP)
(Câmara Brasileira do Livro, SP , Brasil)

Moreira, Eduardo
Branca de Neve e Zangado / Eduardo Moreira ;
Ilustrações : Daniel Wu. -- São Paulo : Editora DSOP, 2017

ISBN: 978-85-8276-247-9

1. Contos – Literatura infantojuvenil
I. Wu, Daniel II. Título

17-00806 CDD-025.5

Índices para catálogo sistemático:

1. Contos : Literatura infantil 028.5
2. Contos : Literatura infantojuvenil 028.5

Para Ju, Chicão, Cacá e Dudinha, meus amores.

O bebê tão aguardado

A história que hoje vou lhes contar
vem de muito longe, de um lindo lugar...
Em um reino encantado, de muita magia,
com bruxas malvadas, anões e fadinhas,

Reinando solene, com muita bondade,
havia um rei, sua majestade.
Querido por todos, e muito formoso,
seu corpo era forte e o olhar corajoso.

Casada com ele, com muita alegria,
havia uma moça, a bela rainha.
De pele mais alva que um floco de neve,
cabelos mais negros que a noite escura,
tinha a alma clemente e o espírito leve
e amava a todos com a mesma candura.

Sabia que o rei, seu fiel companheiro,
sonhava em ser pai de um bravo guerreiro.
Queria um homem, um tiro certeiro,
para ter descendência, um filho herdeiro.

Já a rainha, com delicadeza,
dizia ao rei, em tom de franqueza:
"Se for uma moça que vier a nascer,
aceitaria com o mesmo querer?".
O rei descontente já desconversava,
pois era um menino que queria ter.

Em uma manhã de céu bem azul,
a bela rainha no chão se deitou
olhando as nuvens dançando no céu.
Um lindo menino a Deus implorou.

Mas Deus, que é Deus e sabe o que faz,
notou que era hora de dar uma lição.
O rei precisava amar uma filha
com o mesmo carinho e dedicação.

Enfim, veio o dia da criança nascer
e o reino inteiro ansiou por saber
o que reservava ao rei o destino,
o tão aguardado guerreiro menino?

– É uma menina! – disse a parteira.
Todos no quarto se assustaram e olharam para o rei. Já a rainha recebeu a linda criança ao colo, abraçou-a e chorou copiosamente.

O rei, revoltado, não soube esconder.
Bufando de raiva, culpou a rainha:
"Não era uma menina que querias ter?
Agora se vire e a crie sozinha!".

O rei saiu do recinto nervoso, batendo a porta com força.

Ainda exausta do parto que teve,
a bela rainha tão triste ficou
que fugiu do castelo deixando a filha.
Sumiu na floresta e nunca mais voltou.

A linda princesa cresceu sem a mãe.
O pai não lhe dava a menor atenção.
Só tinha as amas, que dela cuidavam,
e os animaizinhos de estimação.

Os anos passavam e a princesa crescia
travessa, bem alva, como era a rainha.
Um doce apelido ela logo ganhou.
Chamavam-na todos com delicadeza
de Branca de Neve, a linda princesa.

Eis que um dia, o rei resolveu
casar-se de novo com outra mulher.
Muito vaidosa e de origem plebeia,
a nova rainha era uma qualquer.
Desde o dia em que foi coroada,
o poder lhe tornou ranzinza e malvada.

O rei, que há tempos não abraçava mais
os velhos ideais de bondade e justiça,
deixou Branca de Neve aos cuidados da bruxa,
que fez de escrava a filha postiça.

A madrasta má

Naquela manhã, a rainha usava um lindo vestido vermelho com rendas, joias e detalhes em cetim. Ela olhava para o espelho, admirando a própria beleza, quando seu semblante mudou.

– Branca de Neve! Onde está você, menina!? Essa pirralha me tira do sério... Branca de Neeeeeeeeeeeve! – esbravejou a madrasta.

Branca de Neve entrou no quarto correndo e esbaforida, tropeçou num móvel e derrubou um antigo vaso no chão.

– Meu Deus... Desculpe-me, senhora. – disse a garota.

A rainha levantou Branca de Neve do chão puxando-a pelo queixo.

A pobre menina se recompôs, ainda cheia de medo, e esperou o que a madrasta tinha a lhe dizer.

– Contaram-me que a senhorita tem experimentado os vestidos que eram de sua mãe. Não me diga que você tem tido surtos de... princesa? – gargalhou a rainha.

– Eu estava apenas procurando uma roupa para a minha festa. – retrucou a menina.

– Festa? Mas que festa? – perguntou em tom de indignação. – Eu que sou a rainha não sei de festa alguma.

– Na próxima semana, eu completo 18 anos... e estava pensando em talvez...

– Talvez o quê? Talvez fizéssemos um lindo baile com valsas e banquetes e convidássemos nobres e príncipes para celebrar esse dia? Como você é ingênua. Percebe-se logo que é filha daquela...

Percebendo o que a rainha falaria, Branca de Neve interrompeu-a:

– Não fale assim da minha mãe!

A rainha, tomada de fúria, empurrou Branca de Neve, que caiu no chão e chorou.

– Nunca mais levante a voz para mim, sua petulante. Eu sou a rainha! Falo como, com quem e quando quiser, entendeu? Já não é suficiente ter de dividir o mesmo espaço com você? Isso cansa a minha beleza, sabia?

A rainha virou-se novamente para o espelho, de costas para sua enteada, e disse:

– Agora, suma daqui! E esqueça essa história de vestido, baile, príncipe. Pelo que vejo, você herdou a ingenuidade de sua mãe e, a burrice de seu pai.

– Eu vou contar tudo para o meu pai, sua bruxa. – murmurou a pobre menina.

– Seu pai, aquele lunático? Ele mal se lembra que você existe, garota. E mesmo se tentasse falar com ele, teria de esperar sentada. O rei está fora até sabe-se lá quando. Esqueceu que estamos em guerra? Agora, suma já daqui, suma!

Branca de Neve saiu do quarto chorando. A rainha continuou diante do espelho e, após se certificar de que não havia mais ninguém por perto, olhando atrás das cortinas, debaixo das poltronas e da cama, pensou em voz alta:

– Que abusada! Como ousa levantar a voz para mim? Quem ela pensa que é? Mesmo que seja a herdeira legítima do trono, a queridinha da plebe, linda como uma boneca de porcelana e... ah, deixa para lá. Ela que não me irrite com essas bobagens. Eu tenho outras preocupações... Minha beleza, por exemplo.

A rainha, cada vez mais encantada com o seu reflexo, perguntou ao espelho:

– Espelho, espelho meu, existe no mundo alguém mais bela do que eu?

O espelho, surpreendentemente, respondeu:

– Bela rainha...

A rainha, ao ouvir o espelho falando, quase caiu para trás.

– Ahhhhhh! Você fala?

– Não falo. É você quem fala. Porque se eu sou você e você me ouviu falar, então quem falou foi você para você, através de mim. – disse o espelho, deixando a rainha ainda mais confusa.

– Pare com isso! – ordenou a soberana malvadeza. – Assim você me deixa louca. – E continuou. – Eu só posso estar vendo coisas. É aquela menina que me deixa completamente maluca.

A rainha resolveu tatear o espelho para ver se aquilo era real ou se ela estava delirando.

– Ih-ih-ih-ih... Eu sinto cócegas. – balbuciou o espelho.

– Então você existe mesmo?

– Claro que existo. Se você existe, eu existo. Eu sei tudo sobre você. Ou melhor, sobre nós. Eu estou aqui para servir e dizer a você o que quiser saber. Aliás, o que você estava me perguntando mesmo?

– Eu? – perguntou a rainha, dissimulada.

– Ah, sim. Aquela história de "espelho, espelho meu, existe no mundo alguém mais bela do que eu?". Nossa, até rimou. Foi de propósito? Porque ficou bonitinho, sabia? – tagarelou o espelho.

– Como você fala! Parece uma matraca velha. – irritou-se.

– Não fale assim conosco, querida... Mas, voltando ao nosso assunto: você é realmente bela. Muito bela. Belíssima!

A rainha encheu-se de pompa e orgulho diante do espelho, admirando-se com o que ouvia.

– Mas... – seguiu o espelho. – Branca de Neve é a mais bela de todas. Aquela pele branquinha, aqueles cabelos negros, aquele olhar ingênuo...

Ao ouvir o que o espelho dizia, a rainha se descontrolou de raiva.

– Cale-se, seu tagarela! Como ousa me dizer que aquela pirralha é mais bela do que eu? Logo eu, a rainha, a toda poderosa. Ela não passa de uma zé-ninguém.

– Você quer dizer uma zé-ninguém herdeira do trono, não é? – retrucou o espelho com naturalidade.

– Herdeira de nada! Nem o pai se importa com a mera existência dessa menina.

– Digamos que o rei morra na guerra. Branca de Neve é a única de sangue real nesta casa. Com a proximidade do seu aniversário de 18 anos, ela estaria pronta para ser coroada a nova rainha.

– Chega! Não aguento mais essa ladainha. Suma da minha frente seu espelho chato! – ordenou a bruxa má.

Num ato de fúria, a rainha virou o espelho deixando-o de frente para a parede. Ela caminhava pelo quarto inquieta, refletindo sobre o que ouviu.

– O espelho tem razão, eu não posso correr esse risco. Preciso impedir que isso aconteça. A não ser que...

A rainha fez uma pequena pausa maligna, respirou fundo e continuou:

– Não, não, não... Eu não seria cruel o suficiente para fazer isso. Fazer não... Mas ordenar que façam. Eu sei exatamente quem daria um fim em Branca de Neve por mim. Ah-ah-ah-ah! – gargalhou a megera.

O convite inusitado

Branca de Neve estava sentada no chão do seu quarto com a cabeça baixa, e chorava muito. O lugar era bastante simples, havia uma cama de solteiro e poucos móveis, todos eles rústicos e de aparência muito velha. A única janela do cômodo era pequena e dava para os fundos do castelo.

– Por que ela me odeia tanto? – pensava Branca de Neve. – Logo eu, que nunca fiz mal a ninguém. Eu só queria comemorar o meu aniversário. Quem sabe, agora que estou perto dos 18 anos, usando um vestido que era da minha mãe, talvez, meu pai, finalmente, poderia me dar alguma atenção. Eu sei que ele é um bom homem. As amas vivem me contando suas histórias. Elas dizem que meu pai sempre ajudava as pessoas do reino, dos mais ricos aos mais pobres. Até o dia em que...

Branca de Neve voltou a chorar copiosamente. Falou em voz alta olhando através da janela para o céu azul.

– Não é justo que ele me culpe pela morte da minha mãe! Eu não pedi para nascer! Na verdade, melhor seria se eu nem tivesse nascido. Não teria de conviver com aquela bruxa! Nem ficar trancada nesta solidão. O pior é não ter com quem dividir essa tristeza. De que me adianta chorar se não podem nem ouvir o meu choro?

Branca de Neve voltou a ficar em silêncio, sofrendo. Um lindo passarinho entrou pela janela cantando, pousou ao seu lado e iluminou o ambiente. Ao ouvir o canto do pássaro, ela levantou a cabeça, enxugou as lágrimas e abriu um discreto sorriso.

– Só você mesmo para me consolar nestas horas...

O passarinho, então, começou a piar, como se estivesse entendendo e respondendo à princesa.

– Eu sei que você gosta muito de mim. – falou Branca de Neve para o passarinho. – Eu também gosto muito de você. Aliás, se não fosse por você e seus amiguinhos, acho que eu já teria desistido de viver. Como eu queria ter asas e poder voar! Eu voaria para bem longe daqui, aonde ninguém pudesse jamais me achar.

O passarinho respondeu novamente com seus pios.

– É claro que eu levaria você comigo, seu bobinho. Nós vamos estar sempre juntos.

– Piu, piu, piu. – seguiu o passarinho.

– Não fale bobagem. Que príncipe se casaria comigo? Príncipes só querem saber de princesas bonitas, inteligentes e engraçadas. Não de uma Boba de Neve qualquer. Deixe isso para lá, vamos arregaçar as mangas e seguir em frente, não é mesmo? Afinal de contas, nós temos um ao outro, e isso é o que importa. Quem sabe, um dia, Deus me descobre perdida aqui neste quarto escuro.

Branca de Neve olhou pela janela e viu as nuvens dançarem no céu.

– Eu só queria que Ele me enviasse um sinal, se sabe que eu existo.

Naquele momento, alguém bateu à porta. O barulho assustou o passarinho, que fugiu voando pela janela.

– Não se vá... – disse a princesa tentando impedir que o passarinho a deixasse sozinha.

Ela enxugou as lágrimas e se recompôs enquanto caminhava até a porta. Mas antes que pudesse chegar, bateram novamente, só que agora mais forte.

– Calma, estou indo! O que será que eu fiz de errado dessa vez? Quem é? – perguntou.

– Sou eu! – disse alguém do outro lado da porta.

– Olá, senhor "eu"... Você teria um nome, por acaso? Ensinaram-me a nunca abrir a porta para estranhos, sabia?

– Sou eu, o caçador do reino. Venho a pedido da sua madrasta, a rainha.

Branca de Neve abriu a porta assustada, e o caçador foi entrando no quarto dela.

– Olá, senhor caçador. – disse. – A que devo sua visita em meus humildes aposentos, ainda mais a pedido da rainha? Eu fiz algo de errado? Já sei, foi aquele cœlhinho que eu soltei da armadilha na semana passada, não foi? Desculpe-me, é que eu não pude vê-lo sofrer. Se foi, peço desculpas, juuuuuro que nunca mais farei isso.

Branca de Neve cruzou os dedos atrás do corpo enquanto jurava. O caçador não conseguiu esconder sua irritação e disse:

– Foi você quem... Bem, esqueça isso. Eu nem percebi que peguei um cœlho na armadilha. – acalmou-se. – Eu venho por outra razão, aliás, que vai deixar a senhorita muito feliz.

– Feliz? Vindo da rainha? Impossível.

– Ora, você não deveria falar assim dela... – interrompeu o caçador. – Ela gosta muito de você. Eu sei que a rainha tem esse jeito meio de durona, mas se por vezes é mais firme, é somente para te educar melhor. Ela quer o seu bem, acredite. Aliás, eu estava agora mesmo na companhia dela. A rainha me confessou que foi muito dura com você e está arrependida. Disse-me também que você está para completar 18 anos, é verdade?

– Sim, é verdade. Completo na próxima semana. – respondeu Branca de Neve.

– A rainha me pediu para transmitir suas desculpas pela forma como lhe tratou. E para provar que está arrependida, decidiu oferecer um baile para comemorar o seu aniversário.

– Um baile?! Não é possível... Ela acabou de me expulsar do quarto aos gritos. E mesmo que esteja arrependida, por que mandaria o caçador falar sobre esse assunto? – perguntou bastante desconfiada.

– Eu não estou aqui por conta do baile. A cerimonialista do castelo vai discutir os detalhes da festa com você amanhã. Vim por outra razão. Sua madrasta sabe que, após completar 18 anos, você se tornará a primeira na linha de sucessão ao trono. E ela quer prepará-la para isso. Aliás, ela me confessou um segredo: sua madrasta acredita que, um dia, você será uma ótima rainha, sabia?

– Rainha, eu? Imagine... Não levo o menor jeito para o trono. – intimidou-se.

– É assim que as coisas funcionam. E como toda rainha, você tem muito o que aprender; por isso, sua majestade me pediu que lhe desse algumas aulas de arco e flecha na floresta.

– Mas eu odeio essas coisas de caçar e ferir animais... Eles são meus melhores amigos.

– Não estou falando de caçar, sua boba, mas de dominar a arte do arco e da flecha. Você não precisa matar nenhum animal. Deixe isso para mim. – disse o caçador de um jeito bem sem graça.

Ao ver a brincadeira de mau gosto do caçador, Branca de Neve fechou o semblante e mudou rapidamente de humor.

– Estou brincando! – tentou consertar o caçador. – Eu também sofro quando tenho que matar esses animaizinhos para abastecer a mesa do castelo.

Dessa vez, foi o caçador quem cruzou os dedos atrás das costas ao dizer tamanha mentira.

– Vamos, você vai gostar! É um bom exercício para treinar a concentração, o autocontrole, o foco. Seu pai ficará orgulhoso quando souber que você aprendeu a atirar com o arco.

Ao ouvir o caçador mencionar seu pai, a princesa logo animou-se:

– Meu pai!? Você acha que ele gostaria?

– Eu tenho certeza de que o rei vai adorar.

– Eu topo! – respondeu prontamente a princesa.

– Esteja pronta amanhã às seis da manhã. Vamos treinar na floresta negra.

– Mas a floresta negra não é perigosa? Não foi lá que minha mãe...

O caçador nem deixou Branca de Neve terminar a frase.

– Não se preocupe, você estará segura comigo. Afinal de contas, eu sou o caçador. – e saiu batendo a porta.

A emboscada

Branca de Neve e o caçador caminharam pela densa floresta negra. O vassalo carregava um alvo debaixo do braço e, nas costas, um arco e uma aljava com algumas flechas.

Quando estavam bem longe do castelo, onde não podiam mais ser ouvidos ou vistos por ninguém, disse:

– Pronto. Aqui me parece um bom lugar para treinar.

O caçador caminhou até a árvore mais próxima e fixou o alvo no tronco. Voltou para o lado da princesa, tirou o arco das costas e uma das flechas da aljava.

– Você vai ver que é muito simples. O primeiro passo é saber posicionar a flecha no arco. Ela deve ficar apoiada bem no meio da corda. Daí, é só se virar de lado, puxar lentamente a corda para perto do rosto, mirar um pouco acima do centro do alvo e...

O caçador soltou a flecha, que saiu em grande velocidade e atingiu o alvo.

– Touché! Quase na mosca. – pronunciou.

Branca de Neve olhava a demonstração bastante assustada. Afinal, nunca estivera tão próxima de uma arma de verdade. O caçador caminhou até o alvo, retirou a flecha que acabara de lançar e trouxe de volta.

– Agora é a sua vez. – disse ele, após entregar o arco e a flecha para a princesa.

– Eu... Eu estou com medo. Nunca peguei em uma arma. – retrucou a menina bastante cabisbaixa.

– Não se preocupe, princesa, eu estou ao seu lado.

Branca de Neve esticou o arco e o levou para bem perto do seu rosto. Quando estava em posição de tiro, com a respiração presa e os músculos tensionados, perguntou:

– E agora, o que eu faço?

O caçador respondeu de supetão:

– Solte-a!

Branca de Neve, assustada, fechou os olhos e soltou a flecha que, incrivelmente, atingiu o centro do alvo. O caçador não acreditou na sorte da menina.

– No centro! Eu sou muito boa nisso. – divertiu-se Branca de Neve. – Você tem razão, atirar é muito legal. Posso fazer de novo?

– Claro. Vá buscar a flecha.

Enquanto Branca de Neve caminhava para pegar o artefato, o caçador sorrateiramente tirou uma outra flecha da aljava, colocou no arco e mirou nas costas da princesa. Após arrancar a flecha do alvo e se virar, a menina viu que o caçador estava prestes a atirar nela.

– O que você vai fazer? – perguntou Branca de Neve com os olhos arregalados.

– Desculpe-me. – respondeu o caçador com um tom pesaroso. – Estou cumprindo ordens da rainha.

Percebendo que sua vida estava por um fio, Branca de Neve implorou ao caçador:

– Não faça isso, por favor! Eu não quero morrer. Por favor, senhor caçador, por favor! Ao menos me diga, por que ela mandou me matar?

Branca de Neve começou a chorar. Chorava tão alto e desesperadamente, que atraiu vários animaizinhos da floresta. Dentre eles, diversos passarinhos, alguns coelhos e um veadinho. O caçador mirava a flecha em direção à menina, e se preparava para o tiro fatal, quando respondeu:

– Não sei dizer quais são os motivos de sua alteza. Talvez ela acredite que o reino e o coração do seu pai sejam pequenos demais para vocês duas.

– Deixe-me ir e diga a ela que me matou. Eu estou implorando, não me mate. Prometo nunca mais voltar ao reino. – suplicou a garota.

– Eu bem que gostaria, mas ela me ordenou que levasse seu coração como prova de que você está morta. A rainha não é boba. Agora chega, vamos acabar logo com isso.

O caçador soltou o dedo que segurava o fio tensionado do arco e liberou a flecha.

– Adeus, Branca de Neve!

Naquele instante, o veadinho pulou na frente da garota e foi atingido pela flecha do caçador. O animalzinho morreu para salvá-la. Branca de Neve entrou em desespero e, aos prantos, abraçou-o.

– Oh, meu Deus, olha o que você fez! – disse ela para o caçador, enquanto acariciava o rosto do veadinho em seu colo. – Desculpe-o, meu amiguinho, é tudo minha culpa.

O caçador não acreditava ter errado o alvo.

– Maldito animalzinho! Não tem problema, da próxima você não vai escapar.

O caçador puxou outra flecha e a colocou no arco. Para salvar a princesa, os pássaros voaram em direção ao rosto do caçador que, impedido de enxergar, perdeu Branca de Neve de vista. A garota levantou-se e correu para o mais longe possível daquela ameaça.

– Branca de Neve! Branca de Neve! – gritava o caçador. – E agora, o que vou fazer? A rainha vai me matar quando souber que ela fugiu.

Desesperado, o caçador olhou para o veadinho deitado no chão e teve uma ideia:

– A não ser que... – pensou em voz alta.

O encontro

De tanto correr pela floresta, Branca de Neve estava exausta e ofegante. A garota olhava para trás o tempo todo para conferir se tinha despistado o caçador. Um tempo depois, parou e se apoiou em uma pedra para pegar um pouco de ar.

– Onde estou?... Já sei, perdida na floresta negra. De onde nunca ninguém voltou vivo. E agora, o que vou fazer? – conversava consigo, enquanto pensava numa solução.

A tarde já estava caindo, e a floresta ficava cada vez mais escura. Branca de Neve ouviu ruídos vindos de todos os cantos da floresta e, mesmo com medo, continuou correndo até que, finalmente, avistou uma pequena casa.

– Uma casa?... Não é possível, nunca imaginei que alguém pudesse morar dentro da floresta... – a menina ia se aproximando. – E que casa engraçada, é tão pequena. Será que cabe alguém aí dentro?

Branca de Neve bateu à porta.

– Ô de casa! Tem alguém aí? Eu preciso de ajuda.

A noite já havia caído completamente, e os ruídos da floresta estavam cada vez mais assustadores.

– Socorro, abram essa porta, por favor! – continuou a menina batendo à porta.

A noite escura e o medo de ficar sozinha na floresta fizeram com que Branca de Neve forçasse a porta da casa, que acabou cedendo. Lá dentro, tudo estava uma bagunça. Na sala de estar, havia uma pequena mesa com sete lugares. Sobre ela, pratos com restos de comida e copos sujos. No quarto, havia sete pequenas camas desarrumadas. O resto dos móveis eram poucos e muito pequenos. Ela esbarrava em tudo, e sua cabeça, a todo momento, batia no teto.

– Mas que bagunça. – falou em voz alta. – Como alguém pode viver neste chiqueiro? Na verdade, isto é pior do que um chiqueiro, acho que nem um porquinho viveria aqui.

Cansada e faminta, a princesa vasculhou a geladeira e retirou dela uma pequena garrafa de água. Ela bebeu tudo em apenas um gole. Ainda com sede, pegou as outras garrafinhas e bebeu todas elas também. Após saciar a sede, a garota caminhou pela casa e olhou tudo bastante intrigada.

– Estes móveis são tão bonitinhos, parecem até que foram feitos para uma casinha de boneca. – e continuou. – Para quem achava que morreria na floresta, isto aqui até que não é tão ruim.

Branca de Neve continuou andando pela casa quando pisou em algo bem esquisito e pulou de susto.

– Ai, um bicho!

A princesa tomou coragem e se abaixou para ver o que era.

– Uma escova de dentes? Mas que nojo! Eu não aguento ver esta bagunça.

Branca de Neve resolveu, então, arrumar a casa. Pouco a pouco, as coisas iam voltando para os seus lugares. Apesar da casa ser pequena, a bagunça era gigante.

– Acho que exagerei na faxina. – falou bocejando. – Hoje foi um dia agitado, e eu estou exausta. Um cochilinho não faria mal. Mas, e se os donos da casa chegarem enquanto eu estiver dormindo? Ah, será apenas um cochilo rápido, eles não vão nem perceber.

A princesa se deitou em uma das pequeninas camas. De tão pequena, ela ficou com parte do corpo para fora. Juntou duas camas, uma ao lado da outra, e deitou-se na transversal. Não adiantou, agora ficava com as pernas para fora. Finalmente, acrescentou mais uma cama, e coube deitada perfeitamente. Ela encostou a cabeça no travesseiro e, em poucos segundos, adormeceu.

Pouco tempo depois, um anãozinho curioso, vestindo trajes de minerador e carregando uma picareta no ombro, entrou resmungando dentro da casa.

– Raios de trabalho. Aquilo não é emprego, é uma exploração! Isto é jeito de chegar em casa? Tarde da noite, sujo e pobre. Pelo menos não tem mais ninguém para me encher a paciência. Posso fazer tudo da maneira que eu quiser e viver sossegado nesta...

Antes de terminar a frase, o anão notou, surpreso, que a casa estava toda organizada e arrumada.

– ... Bagunça? Não é possível, quem fez isso? Está tudo arrumado. A casa está cheirando a... Eca, lavanda! Já não respeitam nem mais a bagunça de um ser humano. Isso só pode ser obra de...

Nesse momento, o anão avistou Branca de Neve deitada sobre as camas.

– Uma menina?! Ah, ah, ah, socorro! Chamem a polícia, os bombeiros, a guarda real.

Apesar dos gritos do anãozinho, Branca de Neve não mexeu nenhum músculo, e seguiu dormindo. O anão não teve alternativa a não ser berrar novamente:

– Uma menina!

A princesa não mexia sequer a sobrancelha.

Ele caminhou até bem perto das camas e cutucou o ombro dela bem devagarzinho, só que nada ainda. Numa outra tentativa, cutucou um pouco mais forte, mas Branca de Neve permanecia inerte. Até que o anão sacudiu o braço da princesa com muita força, o que fez com que ela acordasse.

– Ahhh! – exclamou.

– Ahhh! – respondeu o anão na mesma moeda.

– Quem é você? – perguntou Branca de Neve.

– Essa pergunta é minha. Você está na minha casa, sua menina desmiolada. O que você está fazendo aqui? E o que você fez com a minha casa?

– Desculpe-me. – disse Branca de Neve. – Eu estava fugindo do caçador quando encontrei a sua casa. Ao ver aquela bagunça, acabei arrumando uma coisinha aqui, outra ali... – disse meio sem graça e olhando para baixo.

A garota aproveitou que o anão parecia mais calmo e disse:

– A propósito, sou Branca de Neve! E você é o...? – disse dando um sorrisinho.

– O que é tão engraçado? – perguntou o mal-humorado anão.

– Nada. É que você é diferente. É tão...

– Pequeno? – rebateu ele.

– Eu ia dizer fofo. – retrucou encabulada.

– "Ai, você é tão fofo..." – disse o anão imitando a princesa. – Sai pra lá, garota. Pode me xingar à vontade, mas "fofo", não! Você é parente do Dengoso, por acaso? – reclamou o anão.

– Quem é Dengoso?

– Deixa pra lá. Era um dos que moravam aqui.

– Eles não moram mais?

– Adivinha? Se eu disse que eles "moravam" é porque não moram mais, né? – disse, mantendo o péssimo humor.

– Nossa, como você é mal-humorado! Quer dizer que você mora sozinho? Agora está explicada essa bagunça.

– Antes só do que mal acompanhado. – disse o anão. – Aqueles seis só serviam para me atrapalhar. Cada um com sua mania chata. O Mestre achava que sabia de tudo o tempo inteiro; o Atchim era um alérgico sem cura, que vivia espirrando em cima de todo mundo; o Feliz, um lunático que ria de tudo, até quando dava topada no móvel; o Soneca só queria saber de dormir e não ajudava em nada; o Dengoso tinha vergonha até da sombra dele; E o Dunga... Esse pelo menos ficava calado o dia inteiro.

– Mestre, Soneca, Atchim, que gracinhas! Adorei os nomes deles... E o seu, qual é?

– Zangado! – respondeu-lhe de bate-pronto.

– Esse é o seu nome? – indagou Branca de Neve.

– Na verdade, é meu apelido. Mas faz tanto tempo que me chamam assim que já nem lembro mais como me chamo.

– Você não devia deixar que as pessoas o chamassem assim. Existem apelidos tão mais bonitinhos.

– E quais seriam eles? Salva-vidas de aquário? Pintor de rodapé? Esquimó de freezer? Pouca sombra? Toco de amarrar bode? – respondeu Zangado com a voz trêmula de raiva.

– Você tem razão, Zangado não é tão ruim assim. – concluiu Branca de Neve. – E seus amigos, diga-me, por que foram embora?

– Porque são uns fracos! Diziam que eu reclamava de tudo, que eu era pessimista, ranzinza, insuportável.

– Coitadinho. Agora você está sozinho... – disse Branca de Neve olhando Zangado com pena. – Você me deixaria ficar aqui uns dias com você, só até eu me sentir mais segura e achar um lugar para morar?

Zangado irritou-se.

– De jeito nenhum. Isso está fora de cogitação!

– Por favor, eu preciso ficar em algum lugar. A rainha quer me matar!

– Nossa, piorou. A rainha vai matar você e depois me matar por ter escondido você. Desculpe-me, mas você tem que achar outro lugar para ir morar. Não sou responsável pelas confusões que você arrumou.

Branca de Neve entristeceu-se.

– Saia, por favor. – finalizou o anão. – Você está me colocando em perigo.

Branca de Neve levantou-se chorando e caminhou até a porta. Antes de sair, falou:

– Você tem razão. Eu não posso fazer isso. Adeus, Zangadinho. Desculpe-me ter invadido sua casa. Vou embora para morrer na floresta, sozinha. Longe do meu pai, dos meus amigos, dos meus cachorrinhos. Até ser devorada por uma besta qualquer.

Zangado, ao ouvir as lamentações da princesa, deu umas três bufadas e disse:

– Ahhh! Pare com isso. Está bem, você pode ficar.

– Eu sabia que você era um bom homem! – disse Branca de Neve mudando repentinamente o semblante. – Vamos ser ótimos amigos, sabia? Eu posso te contar histórias, ensinar cantigas. Vou escolher minha cama e...

Zangado interrompeu o discurso da menina.

– Você pode ficar, mas com uma condição: será apenas por alguns dias. E, enquanto isso, você deverá pagar pela estadia arrumando e limpando tudo. E pare com essa bobagem de amigos! Eu não tenho amigos. A vida é mais simples assim.

Branca de Neve fez cara de quem assentia.

– Como quiser, senhor Zangado. Sua casa, suas regras...

A mentira

A rainha estava em seu quarto e treinava um discurso diante do espelho, enquanto aguardava notícias do caçador, que ainda não tinha voltado da maldosa tarefa para a qual foi designado.

– "Queridíssimos habitantes do reino...". Não, acho que assim está exagerado. – pensou. – "Amado e bondoso povo...". Agora está melhor! "É com grande tristeza que trago a notícia da morte da nossa querida princesinha Branca de Neve".

A rainha simulava até um falso choro de lamento pelo falecimento da enteada. Nesse instante, sem ser anunciado, o caçador entrou no quarto da rainha, carregando uma sacola de pano.

– Ah! Que susto! Você já ouviu falar em bater à porta antes de entrar?

– Desculpe-me, vossa alteza. Ainda estou muito nervoso pelo que fiz. Já havia matado muitos bichos na vida, mas nunca uma...

A rainha não deixou que o caçador completasse a frase, tapando a boca dele com a mão.

– E então, correu tudo conforme havíamos combinado?

– É claro que sim. E por que não haveria de correr, minha rainha? – perguntou o caçador, temendo que sua mentira fosse desvendada.

– Você fez o que eu lhe pedi? Onde está a prova?

– Aqui está. – disse o caçador.

Ao abrir a sacola e ver o seu conteúdo, a rainha levou a mão ao rosto, por causa do mau cheiro.

– Nossa! Mas isso é muito esquisito... Compreendo que ela era uma boa menina, mas nunca imaginei que seu coração fosse tão grande.

– Eu também fiquei surpreso. – disse ressabiado o caçador. – Mas, diga-me, você já tinha visto um coração humano antes?

– Eu... Acho que nunca. – respondeu a rainha.

– É por isso que vossa majestade estranhou o tamanho. Coração de princesas são assim mesmo, bem maiores.

– Sei... Quer dizer que ela está realmente...?

Antes de concluir a frase, a rainha fez uma cara maligna para o caçador. Porém, ao perceber que ele observava tudo com um olhar de medo, fingiu chorar, triste pelo que havia feito.

– Saiba que não me deixou nenhum pouco feliz mandá-lo fazer isso. Mas foi pelo bem do reino. Não poderíamos correr o risco de ser comandados por uma menina tão bobinha como Branca de Neve.

Rapidamente, animou-se novamente, e não conseguia esconder a felicidade que tinha.

– Bem, vida que segue. Pode ir agora. E nunca, jamais fale sobre isso com alguém. Entendeu?

– É claro, vossa alteza, isso nem passou pela minha cabeça... Aliás, já nem me lembro do que fiz. Agora, se sua majestade me der licença, retiro-me.

O caçador fez uma reverência e, quando abriu a porta para sair do quarto, um ratinho entrou correndo pelo chão. A rainha se desesperou e gritou:

– Um rato! Socorro, tirem esse bicho nojento daqui. Faça alguma coisa, seu inútil! – ordenou ao caçador.

O caçador esperou até que o rato passasse perto de seus pés e deu-lhe um pisão, que matou o pobre animalzinho.

– Pronto, está morto. Esse era um dos bichinhos de estimação da Branca de Neve. Ela vivia alimentando esses ratinhos. O castelo está infestado deles.

– Pois saiba que eu odeio ratos! Consiga uma maneira de exterminar todos esses roedores nojentos o quanto antes.

– Conte com isso, senhora, assim que possível. De qualquer forma, deixarei aqui nos cantos do quarto um pouco de veneno que uso para caçar. Ele é poderosíssimo e leva à morte em poucos segundos quem o consome.

O caçador foi em todos os cantinhos do quarto e colocou um pouquinho do veneno, que sempre carregava consigo.

– Já está bom, depois você continua com isso. – disse a rainha impaciente. – Vá agora. Vamos, chispa, chispa!

Assim que o caçador deixou o quarto, a rainha voltou-se para o espelho e começou a se admirar, feliz e sorrindo.

– Finalmente! Agora posso dormir tranquila, porque sou a mais poderosa do reino. E também a mais querida, a mais temida e, claro... A mais bela!

A rainha chegou bem perto do espelho, cutucou-o e chamou:

– Espelhiiinho... Espelhinho meu...

Nada, porém, aconteceu no espelho.

– Espelho? Onde você está? Espelho?!

O reflexo no espelho apareceu, de repente, ajeitando-se.

– Ora bolas. Não se pode ir ao banheiro sossegado? Que pressa é essa mulher?

A rainha não entendeu bem o que o espelho havia dito, afinal, um reflexo não poderia ter ido ao banheiro. Mas, como tudo já era muito estranho, prosseguiu:

– Banheiro? Seu engraçadinho. Tenho coisas mais importantes para falar com você.

– Em que posso ajudar, vossa alteza?

– Olhe para mim!

– É isso o que faço quando está na minha frente, majestade. – disse-lhe sarcasticamente o espelho.

– E então, o que acha? Estou bela?

– Bela! – respondeu o espelho com convicção.

– Muito bela? – queria se certificar.

– Muito!

– Belíssima?

– Es-ton-te-an-te! – disse o espelho deixando a rainha toda prosa.

– Então, diga-me, espelho meu, existe alguém mais bela do que eu?

O espelho, com naturalidade, respondeu:

– Branca de Neve.

A rainha enlouqueceu de raiva.

– Não! Não é possível! Ela está morta.

– Não é o que estou vendo. Vejo-a viva e linda. E grande também! Mas, espere, na verdade não é ela quem é grande. É o que está ao redor dela que é pequeno. Ah, sim, é a casa de um anão. Branca de Neve vive bela e feliz na casa de um anãozinho no alto de uma montanha na floresta negra.

– Aquele caçador mentiroso. Eu sabia que havia algo de errado com aquele coração. Que ódio!

– Acalme-se, majestade, você não deveria se irritar tanto. Não é bom para as rugas.

– Calado! "Se deseja que algo seja benfeito, faça você mesmo...", é o que dizem, não é? Pois ela que me aguarde, da próxima vez ela não escapa.

O avental

Naquela manhã, Zangado acordou e, como de costume, estava mal-humorado, reclamando de tudo e de todos.

– Essa porcaria de despertador sempre me deixa na mão. Estou superatrasado para o trabalho! Vou levar uma bronca, ouvir toda aquela ladainha e, pior, não tenho nem o direito de contestar. Haja paciência... humpf!

Ao entrar na sala da casa, Zangado notou algo diferente.

– Hum... Que cheiro é esse? Que delícia!

Zangado olhou para a mesa e se surpreendeu ao ver um café da manhã convidativo e apetitoso. Porém, ele não viu Branca de Neve.

– Branca de Neve, onde você está?

Branca de Neve entrou pela porta correndo, ao ouvir o anãozinho chamá-la. Ela vestia um avental todo sujo de terra.

– Bom dia, Zangadinho. Eu estava lá fora cuidando do jardim.

– Lá fora? – assustou-se Zangado. – Você está louca? É muito perigoso! A rainha tentando tirar sua vida e você fazendo jardinagem?

– Que fofo! Você está preocupado comigo. – disse encantada a princesa.

– Preocupado nada. E pare com essa história de fofo. É que eu não quero que venham arrumar confusão aqui em casa. Depois vai acabar sobrando pra mim. Aliás, se quiser ficar lá fora, que fique, o problema é seu. Só não diga que está hospedada aqui.

– Que mau humor. Poxa, eu achei que você ficaria feliz quando visse a surpresa que eu fiz. Já provou o bolinho de cenoura? Está quentinho ainda.

Zangado demonstrou interesse pela iguaria.

– Bolo de cenoura, hum... Olha, eu vou comer um pedacinho para você não achar que eu sou mal-educado, tá? Onde tem uma faca nesta casa para eu cortar o bolo?

Branca de Neve, orgulhosa da arrumação que fez, rapidamente trouxe-lhe uma.

– Aqui está, limpinha e... Afiada!

Zangado cortou uma generosa fatia do bolo e experimentou, fechando os olhos de tanto prazer.

– Gostou? – quis saber Branca de Neve.

– Se eu gostei? Nossa, está...

Para manter a postura de bravo, o anão mediu as palavras antes de responder à princesa.

– Quero dizer, está razoável.

Zangado deu um gole no café que Branca de Neve havia lhe servido, limpou a boca e deixou a mesa.

– Preciso ir para o trabalho agora, já estou mais que atrasado, e...

Zangado queria falar algo, mas parecia sem jeito.

– E...? – perguntou Branca de Neve.

– Obrigado pelo café da manhã. Há muito tempo eu não tinha um desse aqui em casa.

– Que bom que gostou!

Zangado abriu a porta e saiu. Quando estava para fechá-la, abriu-a novamente e dirigiu-se à princesa:

– Ah, mais uma coisa.

– O que foi, Zangadinho?

– Não abra a porta para ninguém. Ninguém mesmo! Pode ser perigoso, e eu não gostaria que nada de ruim acontecesse com você.

– Que lindo...

Antes de que ela pudesse agradecer, Zangado completou:

– Não quero perder esse café da manhã gostoso. É só por isso!

Bateu a porta e saiu.

Branca de Neve estava feliz porque percebeu que seu pequeno amigo começara a aceitá-la, e já estavam mais próximos. Enquanto arrumava a mesa, a princesa cantava e dançava. Ela colocou um lindo vaso com água e flores sobre a mesa e, quando ia trocar a toalha suja, percebeu que Zangado havia esquecido a picareta em casa. A princesa pegou a ferramenta e correu para fora da casa para ver se ainda o avistava.

– Zangado! Você esqueceu sua picareta! Esse cabecinha de vento. Saiu com tanta pressa que se esqueceu da sua principal ferramenta de trabalho. Bem, ele logo deve perceber o esquecimento e voltar para pegá-la. Ele é tão bonitinho. – pensou em voz alta a princesa. – E esse mau humor é até engraçado. Eu tenho certeza de que ele tem um enorme coração. Deve ser difícil morar aqui sozinho, sem ter com quem conversar. Mas eu vou dar um jeito nesse mau humor. Quem sabe eu até consiga mudar o apelido dele para Bacana, Joinha ou, quem sabe, Bonzinho?

Ainda perdida em seus pensamentos, Branca de Neve ficou surpresa com alguém batendo à porta. Imaginando que fosse Zangado, correu para abri-la.

– Seu esquecidinho, achei que não...

A garota parou de falar quando percebeu que não era Zangado. Do lado de fora, havia uma senhora carregando uma sacola.

– Opa, desculpe-me, achei que fosse outra pessoa. Como vai? Em que posso ajudá-la, senhora?

– Nossa, que menina mais bela! – disse a senhora, surpresa ao ver Branca de Neve. – Como você se chama?

– Eu me chamo Branca de Neve. Obrigada pelo elogio. A senhora está procurando por alguém?

– Estava passando pelas redondezas e vi sua casa. Eu vendo produtos artesanais que eu mesma faço para poder me sustentar. Você gostaria de ver alguns?

– Desculpe-me bondosa senhora, mas não tenho dinheiro algum para comprá-los.

A senhora insistiu uma vez mais.

– Veja-os apenas, talvez você goste deles. E quanto ao dinheiro... Bem, descobriremos um jeito, não se preocupe.

Branca de Neve lembrou-se do que Zangado havia lhe dito.

– Não sei se devo, o dono da casa me pediu para não...

– Mas que avental sujo. – a vendedora de artesanatos interrompeu Branca de Neve.

– É que eu estava cuidando do jardim. – justificou-se a menina.

– Eu tenho um avental lindo aqui, deixe-me mostrar para você.

– Eu acho que...

Antes de que Branca de Neve pudesse recusar a oferta, a senhora tirou um avental da sacola. Era lindo, todo vermelhinho com uma flor colorida bordada. Ela passou o avental pela cintura da princesa e virou-a para amarrá-lo.

– Olha, como vai ficar bonito! Ele tem o seu tamanho. Foi feito para você. – falava a senhora.

Branca de Neve se encantou com a peça.

– Ele é realmente bonito. – disse a garota.

– Agora, preciso amarrá-lo aqui na cintura e... Aqui no pescoço!

Foi, então, que a senhora começou a apertar o avental com toda a força no pescoço de Branca de Neve, enforcando-a.

– O que você está fazendo!? – gritou a menina assustada.

– Morra, Branca de Neve! Desta vez você não me escapa. E vai morrer pelas minhas próprias mãos, rá, rá, rá! – disse a senhora com uma voz maligna.

Nesse momento, Branca de Neve percebeu que se tratava de um disfarce. Aquela senhora não era uma vendedora, e sim a rainha.

– Rainha, é você? Por favor, não faça isso, por fa...

Branca de Neve perdeu o ar e desmaiou sem poder terminar a frase.

– Finalmente morta! – celebrou a rainha. – Você nunca mais vai me perturbar. Durma bem, minha querida. Para sempre. Rá, rá, rá!

A rainha deixou Branca de Neve desfalecida no chão e saiu correndo, batendo a porta. O corpo da princesa permanecia imóvel, seus lábios ficaram cada vez mais brancos, quase da cor de sua pele.

Perto dali, Zangado percebeu que havia esquecido a picareta em casa e voltou para buscá-la. Para variar, entrou em casa reclamando:

– Mas que diachos! Já estava quase chegando ao trabalho quando...

Zangado viu a princesa no chão e se desesperou.

– Branca de Neve! Meu Deus, o que fizeram com você?

Ele segurou o punho da princesa para verificar se estava viva, e percebeu que o coração dela ainda estava batendo.

– É esse avental que a está enforcando. Mas que nó apertado! – vociferou o anão.

Zangado não conseguia, de maneira alguma, desfazer o nó da tira do avental que prendia o pescoço de Branca de Neve, até que se lembrou da faca que havia usado para cortar o bolo de cenoura.

– "Limpinha e afiada", perfeito! – pensou.

Ele correu para pegá-la e, com ela, cortou rapidamente a tira do avental que liberou o pescoço de Branca de Neve. Ela, no entanto, não demonstrou reação alguma.

– Acorde, por favor, reaja!

Zangado precisava fazer algo rapidamente. Ele se aproximou de seu rosto e cogitou fazer uma respiração boca a boca. Quando estava prestes a encostar nos lábios da princesa, porém, fez uma cara de nojo e se afastou.

– Eca! De jeito nenhum. Deve haver uma outra maneira. Já sei! – pensou.

Ele pegou o jarro de flores em cima da mesa, arrancou as flores e jogou a água no rosto de Branca de Neve. A garota acordou tossindo e assustada. Ao vê-la viva e respirando, Zangado abraçou a amiga.

– Que bom que você está viva! O que aconteceu? Quem fez isso com você?

Branca de Neve ainda estava desorientada.

– A rainha... Ela esteve aqui. Ela estava disfarçada, e eu não percebi. Parecia uma vendedora.

– Eu falei para não abrir a porta para ninguém! – disse o anão em tom de repreensão. – Por que você me desobedeceu? Você quase morreu.

– Desculpe-me, eu achei que você havia voltado para pegar a picareta. Eu só queria ajudar. – disse chorando.

Zangado percebeu que foi duro demais com a menina.

– Ei, desculpe-me. Eu estou nervoso também. Prometa-me que nunca mais vai abrir essa porta para ninguém. Pelo menos, agora, a rainha deve achar que você está morta. Mas não podemos vacilar, ela se mostrou decidida a acabar com a sua vida.

Branca de Neve seguiu chorando de medo.

– Eu não quero morrer...

– Fique calma. – consolou-a Zangado. – Eu nunca vou deixar que isso aconteça.

Os dois se abraçaram.

Espelho, espelho meu

A rainha entrou no quarto sentindo-se soberana! Ela dançava, rodopiava e cantava.

– "Eu fui, eu fui, matar a Branca de Neve, eu fui. Pa-ra-ra, tibum, pa-ra-ra, tibum. Eu fui, eu fui, eu fui, eu fui...". Finalmente ela está morta de verdade. Aquele caçador inútil. Eu sempre digo: "nunca mande um homem fazer nada". São uns incompetentes. Agora posso aproveitar meu reinado de beleza sozinha, de forma absoluta e incontestável! Quero só ver o que aquele espelho de miolo mole tem para me dizer.

A rainha caminhou até bem perto do espelho e o chamou.

– Psiu?

– Psiu. – respondeu-lhe o espelho.

– Você está aí? – perguntou a rainha.

– Você está aí? – repetiu o espelho.

– Está me ouvindo?

– Está me ouvindo? – disse ele com um sorriso contido.

A rainha começou a ficar irritada.

– Você está me imitando, por acaso?

– Você está me imitando, por acaso? – rebateu o espelho soltando uma gargalhada.

– Rrrr! Pare já com isso, seu espelho idiota! – explodiu a rainha.

– Que mau humor! Era só uma brincadeirinha, parece que nunca fez isso quando era criança... – falou o espelho. – Depois é o outro lá que leva o apelido de Zangado...

– O outro quem? – perguntou sua majestade sem entender o que o espelho falava.

– Esqueça, eu estava falando sozinho mesmo.

– Agora você fala sozinho, seu espelho louco? Mas, vamos ao que interessa. Tenho uma pergunta muito importante a fazer.

– Seu desejo é uma ordem, minha rainha.

– Diga-me, então, espelho, espelho meu, existe alguém mais bela do que eu?

O espelho colocou o dedo indicador na boca e fez cara de quem estava pensando na resposta.

– Hummm...

– E então?

– Hummm... – continuou o espelho.

– Diga logo ou eu... – irritou-se a rainha.

A rainha pegou a escova de cabelo e ameaçou jogá-la no espelho.

– Branca de Neve. – respondeu-lhe.

A rainha não acreditou no que tinha acabado de ouvir. Desesperada, ela começou a gritar com o espelho:

– Nããão! Seu... seu... seu...

– Engasgou, vossa majestade? – perguntou sarcasticamente.

– Mentiroso! Eu matei Branca de Neve com as minhas próprias mãos. Eu a vi deitada no chão, mortinha. Ela não pode ser a mais bela.

– Dessa vez, você quase conseguiu mesmo. – disse o irônico objeto. – Mas Branca de Neve foi salva pela arma mais poderosa que existe: um amigo. Quando estava quase passando desta para melhor, seu pequenino amigo a salvou. Logo, sinto dizer-lhe, mas Branca de Neve segue com o título de mais bela. Mas não fique tão triste, você é a vice-campeã!

– Vice... vice... vice é uma ova! Eu te arrebento, seu espelho engraçadinho!

A rainha começou a dar tapas no espelho.

– Cuidado para não quebrar as unhas querida. – disse o reflexo bocejando.

A rainha já não aguentava mais a ladainha do espelho e o virou para a parede.

– Você não perde por esperar, seus dias estão contados, seu espelho ridículo. Mas só depois que eu ouvir da sua própria boca que sou eu a mais bela! Por enquanto, fique aí de castigo, olhando para a parede. E agora, o que vou fazer? – pensou a maldosa rainha. – Ela não cairia novamente na armadilha do disfarce... Preciso pensar em algo diferente. Só que, desta vez, deverá ser algo infalível!

A rainha começou a caminhar em círculos pelo quarto, pensando. De repente, pisou em algo estranho e deu um grito. Ao ver o que era, fez uma cara de desgosto.

– Socorro, um rato de novo! Espere, ele está morto. Eca, que nojo! – exclamou a rainha.

Uma ideia logo lhe veio à cabeça.

– Pelo visto, o tal veneno do caçador é bom mesmo. Causando uma morte rápida assim a um animal, deve matar também uma pessoa. É isso! Desta vez ela não me escapa!

A maçã envenenada

Na manhã seguinte ao susto que Branca de Neve havia passado, Zangado decidiu não ir para o trabalho e passar o dia na companhia de sua amiga, protegendo-a. Era a primeira vez que conversavam descontraidamente desde que haviam se conhecido. Pareciam amigos de longa data, e Branca de Neve divertia-se contando piadas para o anãozinho.

– E o que é um pontinho azul no céu?

– Não sei, o que é? – perguntou Zangado.

– Um "uru-blue". – falou a princesa.

– Rá-rá-rá! – chorava de rir Zangado.

– E um pontinho vermelho no lago? – emendou Branca de Neve.

– O quê? – disse Zangado já quase sem fôlego de tanto rir.

– "Jaca-red".

– Rá-rá-rá! Pare, por favor, já estou sem ar. Nossa, como é gostoso rir! – falou o anão olhando alegremente para a princesa. – Eu nunca tinha experimentado essa sensação tão gostosa. Obrigado, Branca de Neve, esse foi o maior presente que já ganhei na minha vida.

– Você tem um coração muito bondoso, sabia? Sua carinha mal-humorada nunca me enganou.

– Eu... Eu queria te pedir desculpas pela forma como te tratei quando nos conhecemos. – disse encabulado o rapazinho. – As pessoas me chamaram tanto de Zangado que acho que nunca soube ser de outra maneira. Mas eu acho que eu sempre quis ser diferente.

– Essa fase acabou. – disse animada. – De agora em diante...

Nesse momento, Zangado e Branca de Neve ouviram gritos de socorro vindo do lado de fora da casa.

– O que é isso? Parece que alguém está em apuros... – assustou-se a princesa. – Vamos ajudar.

– Fique aqui, Branca de Neve, pode ser uma armadilha. – disse ressabiado.

– De jeito nenhum, preciso fazer alguma coisa. Há alguns dias, era eu quem estava em apuros! Sei a importância de ter alguém que te estenda a mão.

Branca de Neve correu para fora da casa. Zangado foi logo atrás. Do lado de fora, uma senhora bem velhinha estava caída no chão. Tinha uma cesta ao seu lado e várias frutas espalhadas pela grama.

– Meu Deus, o que fizeram com essa pobre senhora?! – falou Branca de Neve.

Zangado olhava tudo desconfiado. Alguma coisa parecia estranha.

– Ai, ai... meus joelhos... – reclamava a pobre velhinha. – Que bom que vocês chegaram. Esses bandidos não respeitam nem mais uma velha senhora. Eram três, e me atacaram para roubar estas frutas que acabei de colher...

– Engraçado. – comentou Zangado, já mal-humorado novamente. – Nunca soube que ladrões atacavam aqui por perto. Nem de árvores frutíferas na floresta negra.

– Zangado, por favor, lembre-se do que estávamos falando há pouco dentro da casa sobre seu mau humor? – repreendeu-o Branca de Neve. – Vamos ajudá-la!

– Sorte que vocês apareceram, achei que me matariam! – disse a senhora. – Para minha sorte, eles ouviram o barulho de vocês chegando e fugiram.

– Entre, por favor, a senhora deve estar nervosa. Deixe-me servir um copo d'água com açúcar. – convidou a menina.

– Imagine, eu não quero atrapalhar. Vocês já salvaram a minha vida.

A senhora se levantou e arrumou as frutas na cesta e, sem seguida, limpou a sujeira do tombo. Quando já estava recomposta, escolheu a maçã mais bonita que carregava, limpou-a em seu vestido, até que ficasse brilhando, e a ofereceu para Branca de Neve.

– Por favor, aceite esta maçã como um gesto simbólico de agradecimento. Não tenho dinheiro. É a única forma que tenho de agradecê-la.

– Não se preocupe, não é preciso. – falou a princesa.

– Eu faço questão, é importante para mim que aceite o meu singelo presente. – insistiu. – Para que eu possa sentir que retribuí a você o seu generoso gesto.

– Que bonitinha a senhora. Tudo bem, eu aceito de bom grado. Ainda mais uma maçã tão bonita.

– Bonita e gostosa. Experimente! – falou a velhinha entregando a maçã para a princesa.

– Vou deixar para comê-la depois do almoço. – falou.

Porém, a maçã era muito apetitosa para que Branca de Neve esperasse para comê-la depois do almoço.

– Hummm... – falava olhando para a maçã. – Acho que só uma mordidinha não faria mal.

Branca de Neve deu, então, uma mordida. Mastigava com uma cara de quem estava adorando o gosto daquela fruta. A cara de prazer, porém, rapidamente transformou-se em sufoco. Ao perceber que algo de errado estava acontecendo com Branca de Neve, Zangado assustou-se.

– Branca de Neve, você está bem?

Branca de Neve tentava falar, mas não conseguia. Colocou a mão na garganta e, lentamente, foi caindo até ficar desfalecida no chão. Nesse momento, a senhora tirou a capa que vestia e revelou quem realmente ela era: a rainha malvada!

– Acabou! – disse celebrando. – Branca de Neve está morta. Finalmente eu consegui! Rá-rá-rá!

– Rainha? – espantou-se Zangado. – Sua... sua... sua crápula! Malvada! Eu vou acabar com você! Branca de Neve, por favor, fale comigo, não se vá. Por favor!

Zangado encostou o ouvido no coração de Branca de Neve para sentir se ainda estava viva.

– Não pode ser! Por favor, nãããão! – gritava desesperado.

A rainha olhava com desprezo o sofrimento de Zangado.

– Chore mesmo, sua aberraçãozinha da natureza. Saiba que de nada adiantará seu choro! Branca de Neve nunca mais voltará! E eu, agora, posso viver em paz. Rá-rá-rá!

O sofrimento de Zangado era tanto que ele já não tinha mais forças. O anão abraçou Branca de Neve e começou a chorar, com a princesa repousando imóvel em seu colo.

O rei

Naquela mesma manhã, a rainha entrou no quarto decidida e raivosa, como nunca antes. Tinha no rosto um sorriso maligno, assustador.

– Finalmente, o fim de Branca de Neve! – gritou. – Dessa vez ela não teve escapatória. Morreu como seus ratinhos nojentos: envenenada e definhando.

Depois, lembrou-se de que tinha umas contas a acertar.

– Preciso ver alguém.

A rainha caminhou até o espelho, virou-o de volta para si e falou alto, energicamente:

– Espelho, espelho meu, existe alguém mais bela do que eu?

Dessa vez o espelho estava triste. Não demonstrava sequer traços daquele personagem sarcástico e irreverente que tanto atormentara a rainha nos últimos dias.

– Não, poderosa rainha. Tu és, de todas, a mais bela. – disse triste. – E é também a mais perversa... pobre Branca de Neve.

– Enfim, a mais bela! – celebrou a megera.

A rainha pegou sua escova de cabelo e a atirou contra o espelho, que se partiu em milhares de pedacinhos.

– Morra, espelho! Não preciso de você para mais nada. Morra como morreu Branca de Neve.

No exato momento em que ela pronunciava a morte da enteada, o rei, que tinha acabado de voltar de uma longa batalha, entrou no quarto de surpresa. Ao ouvir aquelas palavras, correu desesperado ao encontro da rainha. Nos braços dele, havia um lindo vestido azul.

– O que você disse? O que aconteceu com a minha filha? – perguntou o rei.

A rainha, pega de surpresa, passou a chorar copiosa e desesperadamente, para enganar o marido.

– Querido! Você voltou?

E atirou-se nos braços do rei.

– Uma tragédia! – disse a maldosa rainha. – Por favor, abrace-me, não sei o que fazer. Nossa querida Branca de Neve morreu. Aconteceu na floresta negra. Eu disse para ela não ir até lá, mas ela fugiu sem que percebêssemos. Ela foi devorada por uma fera, e nós achamos apenas os restos de suas roupas. Sei que não é justo que isso tenha acontecido. Logo Branca de Neve, uma menina tão boazinha, que sempre fez o bem aos outros.

– Meu Deus, não é possível! – dizia o rei inconsolado. – O que eu fiz para merecer isso? Perder esposa e filha da mesma maneira. Nunca mais terei minha Branca de Neve de volta comigo. A culpa é minha! Eu sempre a culpei pela morte da mãe e nunca lhe dei a atenção que merecia. Isso é um castigo dos Céus! Eu mereço. Fui um mau marido, um mau pai, um mau rei...

– Não fale assim, meu amor, você não fez por mal. – disse a rainha, fingindo tentar consolá-lo.

– Nunca mais verei minha filha... Pensei tanto nela durante a guerra. No tempo que deixamos de passar juntos, na injustiça que cometi com ela desde que nasceu. Esse vestido era para ela... – disse mostrando o presente que carregava. – Trouxe para presenteá-la pelos seus 18 aninhos. Queria me desculpar por tudo que fiz, para começarmos uma nova relação. Agora, tudo acabou, estou condenado ao sofrimento até os meus últimos dias.

– Mas você tem a mim!

– Mas é minha filha que eu quero! – gritou sua alteza. – Que Deus me leve logo deste mundo para que eu possa encontrá-la e pedir-lhe desculpas por tudo que eu fiz.

– Não! Fique comigo, por favor! Já é muito sofrimento o que estou suportando. Se você morrer, terei de governar tudo... sozinha!

A rainha, então, abraçou o rei exibindo um maldoso sorriso pelas suas costas, imaginando a possibilidade de reinar sozinha.

– Minha filha terá um funeral digno de uma princesa. Darei a ela as honras que deveria ter dado em vida. Quero que todos compareçam à cerimônia. Será amanhã ao meio-dia. – ordenou o soberano.

– Seu pedido é uma ordem, farei com que tudo seja organizado. – disse a rainha obedecendo ao marido.

– E, por favor, deixe-me sozinho agora.

A rainha se retirou, atendendo ao pedido do rei, deixando-o sofrendo no quarto do casal real.

A feiticeira

Zangado estava do lado de fora da casa, junto à mesa onde Branca de Neve repousava coberta por flores. Os animaizinhos da floresta estavam ao redor dela, velando o corpo da querida amiga. O anãozinho chorava e segurava firme as mãos da princesa, sem poder aceitar sua morte. Enquanto isso, um príncipe, acompanhado de um serviçal, apareceu cavalgando pela floresta. Ele parou quando viu a cena. Encantado com a mais pura beleza da princesa, o jovem príncipe permaneceu, por alguns minutos, observando-a, sem palavras.

– Mas que bela donzela! – finalmente falou. – Nunca vi, em toda minha vida, semelhante beleza. Veja essa pele, esse cabelo, esse sorriso! Por onde andei todo esse tempo que não a conheci? Meu Deus, que castigo foi derramado sobre tão pura alma para tirar-lhe a vida, pequeno e nobre amigo? – disse dirigindo-se a Zangado.

– Branca de Neve foi morta... – respondeu o anão. – Pela rainha, aquela crápula a envenenou. Covarde! Valeu-se da bondade da princesa para tirar-lhe a vida.

– Espere um minuto. – surpreendeu-se o jovem príncipe. – Você disse Branca de Neve? Mas é para o funeral dela que eu estou indo.

– Quem é você? – perguntou o anão.

– Desculpe-me, sou Albert V, o generoso, príncipe de Stratesburg. Todos os reinos vizinhos receberam o convite do rei para o funeral de sua querida filha, a princesa Branca de Neve. Aliás, o rei sabe que a filha dele está aqui?

– Não tenho ideia. Provavelmente não. Não imagino que a rainha tenha dito: "Querido, você não sabe o que fiz hoje cedo? Vesti uma roupa de velhinha, envenenei uma maçã e a dei para sua filha. E aí, gostou?". Aquela bandida.

– Você tem razão, mal-humorado e sarcástico homenzinho. Ele não deve saber absolutamente nada. O rei está enganado com sua maldosa esposa. Precisamos fazer algo! Temos que dizer a verdade para que ele possa punir aquela assassina.

– Não tenho forças para fazer nada agora. – lamentou o desanimado Zangado. – Eu só penso em Branca de Neve. Não consigo vê-la morta dessa maneira. Eu deveria ter feito algo para impedir que ela comesse aquela maçã...

– Ela não merecia mesmo isso. – concordou o príncipe. – Justo ela, a mais bela das criaturas... Mas espere. – animou-se. – Eu conheço alguém que talvez possa ajudá-la. A feiticeira de nosso reino! Uma mulher misteriosa que vive conosco há muitos anos, e que tem o poder de encantar os animais e as pessoas. Talvez ela possa desfazer o efeito do veneno.

Zangado não pareceu animar-se muito.

– Não vamos criar falsas esperanças. Branca de Neve está morta. – observou o anão. – Deixe que seus próprios olhos comprovem. E, também, eu não acredito em feitiçarias...

– Não custa nada tentar! – insistiu o príncipe. – Uma criatura tão bela merece todos os esforços do mundo para ser salva.

Albert V, o generoso, ordenou que o serviçal fosse buscar a feiticeira em seu palácio o mais rápido possível. O serviçal saiu cavalgando seu cavalo o mais rápido que pôde, deixando sua majestade e Zangado na companhia de Branca de Neve. Poucas horas depois, retornou galopando com uma mulher na sua garupa. Ela era misteriosa e vestia um capuz que lhe tampava o rosto.

– Feiticeira! Que bom que você chegou. Ajude-nos, por favor, salve esta linda donzela que foi envenenada. – disse o príncipe.

A feiticeira aproximou-se de Branca de Neve e pôs a mão sobre a testa da princesa.

– Pobre donzela. – falou. – Perder a vida tão jovem. E tão bela! Quem poderia ter feito mal a ela?

– A rainha! – respondeu o príncipe com veemência. – Matou a própria enteada, acredita?

– Quem?! A rainha?! – surpreendeu-se a feiticeira. – Quer dizer, então, que esta é... Meu Deus, é claro, olhe para este rosto. Como não percebi imediatamente? Temos de salvá-la.

O príncipe estranhou o fato de que a feiticeira demonstrou conhecer Branca de Neve.

– Você a conhece?

– Eh... Mas é claro, quem não a conhece? – respondeu meio sem jeito. – Aliás, como você a chamou mesmo?

– Branca de Neve. – interrompeu o mal-humorado Zangado. – Vamos logo ao que interessa, senhora, tente fazer alguma coisa para salvá-la!

– Acalme-se. Ninguém mais do que eu quer salvar a princesa, acredite! – falou, causando estranhamento no príncipe e em Zangado, que olhavam-na desconfiados.

A feiticeira, que sempre buscava esconder o rosto com o capuz, abaixou-se e encostou o ouvido no coração de Branca de Neve. Ela ficou um tempo em silêncio enquanto todos a observavam.

– E então? – perguntou, impaciente, o anão.

A feiticeira mandou que todos ficassem quietos, até que pareceu ter ouvido algo.

– Será possível? Espere.

Rapidamente, aproximou seu ouvido para perto do nariz de Branca de Neve.

– Meu Deus! – falou consigo mesma e em voz alta.

A feiticeira levantou Branca de Neve da mesa e a segurou pelas costas, apertando o peito da princesa com os seus braços. Zangado se assustou com o gesto e foi para cima da feiticeira.

– Eu sabia, você é a rainha disfarçada! – gritou. – Quer se certificar de que matou Branca de Neve de vez, não é? Mas agora você não me escapa, eu vou lhe matar, sua cretina!

O príncipe não entendia o que o anãozinho falava.

– Rainha? Não, espere, esta é a nossa feiticeira.

Tudo virou uma grande confusão. A feiticeira apertava o peito de Branca de Neve, o anão atacava a feiticeira e o príncipe tentava segurar o anão, até que... Branca de Neve cuspiu um pedaço de maçã para fora da boca e começou a tossir. A feiticeira caiu aliviada no chão, ainda cobrindo a cabeça com o capuz.

– Cof, cof, cof... – tossiu Branca de Neve.

– Você está viva! – Zangado gritou aliviado.

– Você a trouxe de volta à vida. Deus a abençoe! – falou o príncipe. – Eu a recompensarei com todas as honras do reino.

Branca de Neve estava emocionada. Havia voltado à vida! Olhou feliz para Zangado e o abraçou.

– Zangado!

A feiticeira, então, falou para todos:

– Branca de Neve nunca esteve morta. Por sorte, o pedaço de maçã envenenado ficou entalado em sua garganta todo esse tempo. Como estava respirando muito pouco, ela desmaiou e assim ficou até agora. Pude perceber que ela ainda estava respirando quando encostei o meu ouvido em seu nariz.

Depois da explicação, a feiticeira virou-se para o príncipe e disse:

– Não quero honras nem recompensas. Acabo de receber a maior de todas ao ver que a princesa está viva e bem.

E, finalmente, virou-se para Zangado e completou:

– Quanto a você rapazinho...

– Eh... Desculpe-me, é que eu achei... – disse envergonhado o anãozinho.

– Parabenizo você pela bravura que demonstrou e por ter cuidado dela todo esse tempo. Se alguém aqui merece uma recompensa, é você.

Zangado ficou feliz com as palavras da feiticeira. Branca de Neve olhou para ele cheia de orgulho. O príncipe aproveitou o momento de alegria para anunciar:

– Senhores, isto tudo é muito bom, mas há algo que ainda temos de fazer. Isso não pode ficar assim, temos contas a acertar. E um funeral para ir. Venham todos comigo.

A rainha

No reino, todos estavam presentes para o funeral de Branca de Neve. Perto do caixão vazio, coberto com o vestido que o rei havia trazido para sua filha, estavam o casal real e o padre, que deu início à cerimônia:

– É com profunda tristeza que nos despedimos da nossa querida Branca de Neve, uma alma bondosa, amável, pura, a mais bela de todas as princesas que já houve nesta terra. As lágrimas que cæm hoje não são apenas as nossas, mas também as de todos os animaizinhos de que ela cuidava, além dos serviçais, dos pobres e dos necessitados.

E continuou:

– Mas, principalmente, as de sua majestade. Compartilhamos a dor com o nosso rei, que se despede hoje de sua querida filha, e a entrega aos cuidados de Deus.

Ao ouvir as palavras do padre, o rei se jogou sobre o caixão e começou a chorar.

– Minha filha! Eu daria tudo para tê-la de volta. Meu reino, minhas posses, meu castelo, tudo que tenho para ter um segundo a mais com você... Para poder pedir desculpas e dizer o quanto eu te amo. Perdoe-me, meu amor.

Vendo a tristeza do marido, a maldosa rainha se aproximou e colocou as mãos sobre os ombros do rei, fingindo chorar e querer consolá-lo.

De repente, para a surpresa de todos, chegaram ao funeral Branca de Neve, Zangado, o príncipe e a feiticeira. Ao ouvir as palavras do pai, a princesa falou:

– Eu te perdoo, meu pai.

– Branca de Neve?! – surpreendeu-se, emocionado, o rei.

– Branca de Neve?! – gritou, com espanto, a rainha.

Branca de Neve saiu correndo e abraçou, aos prantos, seu pai. O serviçal do príncipe aproveitou a ocasião, deu um passo à frente e anunciou seu mestre:

– Senhoras e senhores, o príncipe Albert V, o generoso.

– Vossa majestade. – disse o príncipe ao rei, fazendo uma reverência. – É com alegria que trago sua filha, Branca de Neve, a mais bela de todas as princesas, sã e salva de volta ao seu lar.

– Meu Deus! – exclamou o rei. – Não tenho palavras para agradecê-lo, nobre rapaz.

Vendo a cena e, temendo pelo pior, a rainha foi saindo de fininho, sem que os outros pudessem perceber.

– Temo, porém, dizer que existe um traidor, um assassino entre vocês. – bradou o príncipe.

– Um assassino? – perguntou o rei.

O príncipe, então, apontou para a rainha.

– Na verdade, uma assassina!

Ao ser desmascarada, a rainha tentou correr em direção à saída. Para impedi-la, Zangado pulou no vestido da rainha arrastando-se com ele no chão.

– Largue meu vestido, sua pulga pegajosa! – falou a rainha irritada, tentando desvencilhar-se de Zangado.

– Desta vez você não vai fugir, sua bruxa!

O rei não podia acreditar no que estava vendo.

– Não é possível! Você realmente fez isso?

– Fiz! – confessou a rainha. – E faria novamente. Nunca aguentei essa pirralha tirando todo o meu brilho. E não faça essa cara de coitado, você nunca deu a mínima para ela também. – acusou-o a malvada.

– Eu nunca imaginei que você pudesse ser tão perversa. Prendam-na imediatamente!

A rainha fez uma cara de desprezo para o rei.

– Você não pode me prender. Eu sou a rainha. E estou acima da lei. O único jeito de me tirar o título é me tirando a vida.

– Não seja por isso... – falou Zangado de bate-pronto, indo para cima da rainha.

– Espere! – impediu-lhe o rei. – Não podemos cometer o mesmo erro que ela. E o pior é que ela tem razão, uma vez coroada, nada podemos fazer para tirá-la de seu posto de rainha.

Ao ouvir aquilo, a feiticeira se aproximou.

– Na verdade, há algo que pode, sim, tirá-la do posto de rainha.

– Quem é essa, agora? – disse a rainha olhando para a feiticeira. – Cale-se, sua bruxinha imunda. Quem lhe deu autorização para se dirigir à rainha?

– Você não é a verdadeira rainha. – disse a feiticeira.

– Como assim, você está louca? Quem você pensa que é? – bradou a rainha.

A feiticeira tirou o capuz e, imediatamente, o rei, a rainha e todos os outros que lá estavam ficaram pasmos com o que viram.

– Eu sou a verdadeira rainha! – disse a feiticeira.

Debaixo do capuz estava a mãe de Branca de Neve. A mesma que há tempos era dada como morta por todos no reino.

– Meu Deus, você está viva! – disse o rei.

– Mãe?! – gritou, sem acreditar ainda no que estava vendo, Branca de Neve.

O rei e Branca de Neve saíram correndo para abraçá-la.

– Por onde você andou todo esse tempo? – perguntou o rei aos prantos. – Como eu me arrependo do que fiz, por favor, perdoe-me.

– Eu achei que você nunca mais me perdoaria, por isso, decidi que viveria para sempre escondida em outro reino. – falou a mãe de Branca de Neve. – Mas Deus e o destino me trouxeram de volta para o seu lado. E para, finalmente, reencontrar minha filha, Branca de Neve.

– Mamãe! – abraçou-a a princesa.

– Então, isso significa que... – raciocinou o rei, olhando para a madrasta de Branca de Neve.

Antes que terminasse a frase, Zangado ficou na ponta dos pés, colocou o dedo no nariz da antiga rainha e gritou:

– Você está presa!

Os guardas reais amarraram as mãos da ex-rainha e a levaram embora. O rei voltou-se, então, para o príncipe, que observava assustado toda aquela confusão.

– Príncipe Albert V, o generoso, não sei o que posso fazer para agradecê-lo. Você trouxe de volta tudo de maior valor que tenho na vida.

– Não fiz nada que outro príncipe qualquer não faria. – disse, minimizando seu feito. – Ainda mais por uma linda donzela como Branca de Neve. Se bem que... Sim, eu sei como sua majestade poderia me agradecer: dando-me a mão da sua filha em casamento!

– Oooh! – falaram todos os presentes em uníssono.

– Casamento? – surpreendeu-se Branca de Neve.

– Casamento? – entristeceu-se Zangado.

– Será uma honra ver minha filha casar com um homem de tamanha bravura. – concluiu o rei. – Eu concedo!

– Mas papai... – tentou falar Branca de Neve.

– Não precisa me agradecer, filha! – interrompeu-a o rei. – Estão todos convidados, a festa será esta noite.

O casamento

Tinha chegado a hora do casamento entre Branca de Neve e o príncipe Albert V. O reino estava em festa e todos se vestiram à caráter. O padre esperava os noivos no altar, quando eles surgiram caminhando lado a lado. Branca de Neve tinha um olhar triste e, quando passou por Zangado, que assistia à cerimônia, ela olhou para o seu pequeno amigo. Ele desviou o olhar, e tinha um semblante triste.

– Estamos reunidos aqui para celebrar a vida! – disse o padre, dando início à cerimônia. – Celebrar a união da mais bela de todas as princesas com o mais corajoso de todos os príncipes. A união de dois reinos e de dois povos. O renascimento de uma família que, até hoje cedo, estava separada, triste e morta. Hoje é o dia da ressureição do amor, da alegria e da paz.

O padre olhou para os noivos e prosseguiu com o discurso.

– É neste clima de festa, e antes de iniciar os votos matrimoniais, que eu pergunto a todos os presentes: existe alguém que tenha algo a dizer que impeça esta união? Se tiver, que fale agora ou se cale para sempre.

Todos ficaram em silêncio. A princesa olhou, esperançosa, para trás. Zangado fez um gesto como se fosse falar algo e Branca de Neve abriu um sorriso, esperando o que ouviria. Ele, porém, desistiu e abaixou a cabeça.

– Pois bem, se é assim... – continuou o padre.

Ele virou-se para o príncipe e disse:

– Príncipe Albert V, o generoso, aceita Branca de Neve como sua legítima esposa, prometendo-lhe ser fiel, amá-la e respeitá-la, na saúde e na doença, na alegria e na tristeza, por todos os dias de sua vida?

– Aceito! – respondeu eufórico o príncipe.

Todos os presentes se entreolharam felizes.

– Branca de Neve, aceita o príncipe Albert V, o generoso, como seu legítimo esposo, prometendo-lhe ser fiel, amá-lo e respeitá-lo, na saúde e na doença, na alegria e na tristeza, por todos os dias de sua vida?

Branca de Neve tentava falar, mas não saia voz alguma de sua garganta. Ela olhou para trás novamente.

– Branca de Neve? – o padre chamou-lhe a atenção.

Todos seguiam em silêncio. O clima começava a ficar tenso, o rei e a rainha se olharam.

– Eu... Desculpe-me, príncipe. – disse Branca de Neve, rompendo o silêncio. – Mas eu não posso...

O espanto da plateia foi geral.

– Você é um grande homem. – disse com delicadeza a princesa, levando as mãos ao rosto do jovem príncipe. – E foi muito bondoso trazendo ajuda para salvar minha vida, mas meu coração já tem dono.

Branca de Neve olhou para Zangado, que de longe observava tudo paralisado.

– E o dono dele é a pessoa que me acolheu no momento mais difícil da minha vida. Ele cuidou de mim e me ensinou o caminho para encontrar a verdadeira alegria. Não a alegria rápida, passageira, que provoca sorrisos mas não chega nem perto do coração. Estou falando da alegria de verdade, aquela que nos torna verdadeiros gigantes e que enche de luz nossas vidas. A alegria que alguns chamam de... Amor.

Branca de Neve sorriu para Zangado.

– Amor que sinto por você, meu Zangadinho.

Todos presentes soltaram um "oooh" simultaneamente. Uma senhora na primeira fileira desmaiou ao ouvir aquilo.

– Mas ele é um anão... – disse o príncipe, ainda atordoado pelo que tinha acabado de ouvir.

– E você é um orelhudo! – devolveu Branca de Neve irritada. – Meu pai é um barrigudo e mamãe tem as pernas tortas. E eu sou um pouco dentuça.

À medida que a princesa falava, cada um dos citados reparava nos próprios defeitos. O príncipe apalpava as orelhas, o pai colocava a mão na barriga, e assim por diante.

– Somos todos diferentes. – seguiu a princesa já mais calma. – Diferentes e únicos. Mas terminaremos todos iguais. Um dia seremos apenas o pó, assim como a terra em que pisamos. E por muito pouco não foi esse o meu destino antes de completar 18 anos. Hoje, aprendi a maior lição da minha vida: a de que o mais importante é o bem que fazemos durante a vida.

E a bondosa princesa prosseguiu:

– Muito mais do que a beleza que mostramos aos outros com nossos títulos, roupas e joias. Foi vivendo dessa maneira que a minha madrasta acabou se perdendo. E foi sendo uma pessoa incrivelmente carinhosa e linda que o Zangado ganhou meu coração.

Branca de Neve correu na direção de Zangado, que a recebeu em seus braços. Os dois se olharam e deram um carinhoso abraço. Em volta do altar, todos se entreolharam sem saber o que fazer. Até que rainha começou a bater palmas e cutucou, discretamente, o marido para que fizesse o mesmo. Pouco a pouco todos foram acompanhando o casal real com um caloroso aplauso. Por fim, o príncipe passou também a aplaudir e a gritar:

– Viva a princesa! Viva o Zangado! Viva!

Todos celebraram e festejaram o novo casal. Até os animaizinhos, que de longe acompanhavam a cerimônia, apareceram e rodearam Branca de Neve e Zangado, que, agora finalmente juntos, sorriam alegres e apaixonados! E assim viveram felizes para sempre.

Fim

Eduardo Moreira

É casado com a atriz Juliana Baroni e tem três filhos, Francisco, Catarina e Maria Eduarda. Foi eleito um dos 40 brasileiros de maior sucesso com menos de 40 anos pela *Revista Época* e um dos três melhores economistas do país pela *Revista Investidor Institucional*. O autor foi o primeiro brasileiro a ser condecorado pela rainha Elizabeth II do Reino Unido pelos seus esforços para eliminar a violência na doma de cavalos no Brasil.

Daniel Wu

Desenho desde que me entendo por gente. Me apaixonei pelos livros ilustrados que meus pais me deram quando eu era muito pequeno. Desde então, comecei a desenhar e nunca mais parei. Hoje, ilustro para livros, revistas, publicidade, animações, *games* e qualquer outro projeto que me pareça divertido, sempre com personagens coloridos, expressivos e bem-humorados. E você ainda pode me encontrar na seção infantil das livrarias.

Este livro foi composto com a fonte Always Together, corpo 13, e impresso em papel Offset 120 g pela Intergraf Indústria Gráfica Eireli, no verão de 2017.